池田大作

名言100選

中央公論新社

はじめに

先哲《せんてつ》は語りました。

「言《こと》と云《ば》うは心の思《い》いを響《ひび》かせて声を顕《あらわ》すを云うなり」

一言の言葉に込《こ》められた強き生命の響き――それは、心から心へと伝わり、生きる活力を贈《おく》ってくれます。

二十世紀を代表する歴史学者のアーノルド・トインビー博士に、私《わたし》は座右《ざゆう》の銘《めい》を尋《たず》ねたことがあります。博士は、即座《そくざ》にラテン語の言葉を挙げてくださいました。

「ラボレムス」（さあ、仕事を続けよう）

ローマ皇帝《こうてい》セプティミウス・セウェルスは、日々、兵士たちにモットーを与《あた》えることを日課としていました。この言葉は、西暦《せいれき》二一一年、遠征《えんせい》の途上《とじょう》、病に倒《たお》れた皇帝が、まさに死なんとするその日、最後の指示として叫《さけ》んだ指針《ししん》とされております。

トインビー博士ご自身、八十代に入って、なお溌剌《はつらつ》と、最愛のベロニカ夫人とご一《いっ》緒《しょ》に「ラボレムス」（さあ、仕事を続けよう）を合言葉《あいことば》に、毎朝、人類の未来のための尊《とうと》い探究《たんきゅう》を開始されていた姿《すがた》が、忘《わす》れられません。

あの終戦の年を、私は十七歳《さい》で迎えました。

四人の兄が次々に徴兵《ちょうへい》され、敬愛《けいあい》していた長兄《ちょうけい》は戦死。老いた父母の悲しみは、それは深いものでした。家は、強制疎開《きょうせいそかい》と空襲《くうしゅう》で度々《たびたび》、奪《うば》われました。私も肺病《はいびょう》を患《わずら》い、戦争によって青春を踏《ふ》みにじられた世代です。

暗夜に黎明《れいめい》の光を求めるように、貪《むさぼ》り読んだ書物のうちから、輝《かがや》く金剛石《こんごうせき》を拾《ひろ》い上げるごとく、私は心に残った言葉をノートに書き抜《ぬ》いていきました。

「波浪《はろう》は障害《しょうがい》にあうごとに、その頑固《がんこ》の度《ど》を増す」

「艱難《かんなん》に勝《まさ》る教育なし」

こうした箴言《しんげん》の一つ一つが、どれほど私の心を勇気づけ、青年時代の苦闘《くとう》を支える力となったことか。

かけがえのない精神の宝《たから》を贈ってくれた先人たちへの尽《つ》きせぬ感謝を込めて、私も時間のあるかぎり、古今東西《ここんとうざい》の箴言を紐解《ひもと》きながら、わが友に語りかけてきました。

「ささやかな一言でも、世界を善《ぜん》へと変えることができる」――これは、敬愛するデンマークの詩歌《しいか》の母エスター・グレースさんが贈ってくださった詩の一節です。

このたび、光栄にも、中央公論新社より、「100選」を出版するお話をいただきました。折々《おりおり》のスピーチや対談集などから、丹念《たんねん》にテーマを選び、整理するという多大な労をとってくださったのであります。

もとより「名言」と冠《かん》していただくような立場でないことは、よく弁《わきま》えておりますが、「言葉の力」を信ずる一人として、未来に生きゆく読者の方々の人生勝利の一助としていただければ、望外《ぼうがい》の喜びであります。

結びに、ご尽力《じんりょく》いただいた、中央公論新社の浅海保社長、小林敬和書籍編集局長、中田哲史編集委員をはじめご関係の皆様方《みなさまがた》に、最大の感謝を申し上げます。

二〇〇九年十一月十八日

池田大作

池田大作　名言100選——目次

第二章　人生と社会　49

第三章　女性と教育　79

第四章 生命と哲学 105

第五章　平和と文化

装幀／守先正＋山原望

池田大作　名言100選

第一章　希望の明日へ

希望

すべてを失ったとしても、希望さえ残れば、そこからいっさいが再び始まる。希望はつねに出発であり、永遠の始まりである。

目標をもつことは、希望をもつことである。目標が定まれば、一足一足の歩みにも力がこもる。

偉大《いだい》な人間だから偉大な仕事を成し遂《と》げられるのではない。偉大な目的をめざすから、人間は偉大になれる。

希望がなければ、自分で希望をつくればよい。心は自由自在だからである。

生命力とは、未来を信じる力であり、そして希望を日々新たにし続ける力の異名《いみょう》ともいえる。

幸福

自分だけの幸福もなければ、他人だけの不幸もない。
人を幸福にした分、自分も幸福になる。

幸福は、決して山のかなたにはない。自己自身《じこじしん》のなかにある。しかし、座《ざ》して安閑《あんかん》としている自分ではなく、あくまで、かなたにあるものをめざして、険しい尾根《おね》に挑《ちょう》戦《せん》し、障害《しょうがい》を一歩一歩、克服《こくふく》して進んでいる〝戦う自分〟の生命の躍動《やくどう》の内にあるのだ。

幸せは追いかけるものではない。ついてくるものだ。

自分で目的を創《つく》り、自らよしとして、悔《く》いなき人生を生ききった人こそ、幸福である。

いかなる知性をもっていようが、情熱を失ってしまえば、〝生ける屍《しかばね》〟といっても過言ではない。情熱は幸福の要件である。人生の大部分の幸・不幸というものは、物事に対する情熱をもっているか否《いな》かによって、決まる。

勇　気

人生の勝利も、すべて勇気から始まる。一歩踏《ふ》み出す勇気、挫《くじ》けぬ勇気、自分に負けない勇気……。勇気こそが壁《かべ》を破る。

偉大《いだい》な人

〝偉大な人〟とは、平凡《へいぼん》であることの偉大さを知った人のことである。だから、いばったり、自分を偉《えら》く見せようなどとせず、ありのままに、誠実《せいじつ》に生きることが大切である。むしろ、立派《りっぱ》そうに見せるために苦労することは、その人の力のないことを人にすすんで示すようなものである。

青年

青春の志《こころざし》に生き抜《ぬ》く、大情熱の人生は崇高《すうこう》である。

苦労すべきときに苦労し、勉強すべきときに勉強するのが、幸福な青春なのである。それが、一生涯《いっしょうがい》の幸福の礎石《そせき》となる。若《わか》いときに安逸《あんいつ》を貪《むさぼ》り、苦労しないのは、もっとも不幸な青春である。自分では自由なつもりでいて、結局、最後はもっとも不自由な人生となってしまう。

青年にとって根本の財産は信頼《しんらい》と誠実《せいじつ》である。それらは、一朝一夕《いっちょういっせき》には築《きず》けない。今、自分がいる足下《そっか》を大切にし、一日一日を丁寧《ていねい》に生ききっていくなかに、信頼・信用という人生の宝《たから》が自《おの》ずとついてくる。

青春とは悩《なや》む時代、煩悶《はんもん》する時代である。その激流《げきりゅう》に流されて沈《しず》んでしまうか、そのなかで、もがきながら前へ前へと進むか、これが青春の闘《たたか》いだ。ここに、未来への勝敗を決めるチャンスがある。

厳《きび》しく叱《しか》ってくれる指導者をもつ人は幸せであろう。鉄は熱いうちに鍛《きた》えられねばならないからだ。そこに、大成のための鍛錬《たんれん》がある。逆に、青年時代に鍛錬の機会に巡《めぐ》り合えぬとしたら、これほど不幸なことはない。

信義を貫《つらぬ》く

一生涯《いっしょうがい》を同じ志《こころざし》に生きる。絶対に信頼《しんらい》を裏切《うらぎ》らない。――青春の信念と信義を貫いた人は、それ自体、勝利の人生である。人間として勝った人である。誓《ちか》いとは、人間だけができる、いわば人間の人間としての証《あかし》だからだ。

滝《たき》の如《ごと》く

滝の如く　激《はげ》しく
滝の如く　撓《たゆ》まず
滝の如く　恐《おそ》れず
滝の如く　朗《ほが》らかに
滝の如く　堂々と
男は　王者の風格《ふうかく》を持て

友情

変わらぬ友情は、いかなる宝《たから》よりも尊《とうと》い。策《さく》や利害ではなく、友情を結び、友情を大切にする人生こそ光り輝《かがや》く人生である。

ひとたび誓《ちか》った友人との約束を守る。それが友情である。

友情は善悪《ぜんあく》ともに通ずることも知らなくてはならない。悪友は得《え》やすく、善友は得がたい。本当の善友とは、ときに自分の欠陥《けっかん》や誤《あやま》りを、厳《きび》しく指摘《してき》してくれる人である。

友人の影響《えいきょう》は、ある時には、親よりも誰《だれ》よりも強い。いい友だち、向上しようとしている人と付き合えば、自分も向上する。

自分と違《ちが》うところをもつ人を尊敬《そんけい》できる心の大きさが友情の土壌《どじょう》である。大きい心があれば、その分、すばらしい友情ができる。小さい心には、小さな、やせ細った孤《こ》独《どく》しか育たないであろう。

努力

〝まじめ〟と〝努力〟に徹《てっ》した人ほど強い者はない。
どこまでも地道な歩みを貫《つらぬ》いた人に、人生最終の栄冠《えいかん》は輝《かがや》く。

冬の寒さに耐《た》えて、美しい花が開くように、努力と忍耐《にんたい》なくして、夢の開花はない。

人生には、自分が試《ため》される〝まことの時〟がある。ゆえに、日ごろ、いかなる心構えで生き、どう努力しているかが大事になる。日々、地味《じみ》な精進《しょうじん》を重ねていてこそ、いざという時にチャンスをものにすることができるのだ。

自分のなすべきことに情熱を燃やすことである。今やるべきことに全力をそそげない人に、未来を語る資格はない。足元を着実に固めてこそ、次の大きな飛躍《ひやく》があるのである。

営々黙々《えいえいもくもく》たる努力は、必ず誰《だれ》かが見ているものだ。何よりも自分にとって揺《ゆ》るぎない自信となる。努力はウソをつかない。

忍《にん》耐《たい》

思いにまかせぬ境遇《きょうぐう》に陥《おちい》ったとき、忍耐という勇気を決して忘《わす》れてはならない。

自分が変わる

尊敬《そんけい》は尊敬を生む。軽蔑《けいべつ》は軽蔑を生む。
自分が変われば、相手も変わる。

励《はげ》まし

苦しみに打ち勝つためには、何よりも励ましが必要なのだ。励ましは勇気の母となる。

励ましとは、落胆《らくたん》を勇気に転ずる力である。

人間は、人間の海のなかで、励まし合い、触発《しょくはつ》し合うことによって、真の人間たりうるのだ。

心が通えば、力に変わる。力を出せば、必ず道は開けてくる。また人を励ますことは、自分自身も勇気づける。励ましは人を変え、自分を変えるのである。

不幸に泣く人々を励まし、救いゆく行為《こうい》は、まことに地味《じみ》な労作業《ろうさぎょう》であるが、人間として最も尊《とうと》い聖業《せいぎょう》である。

人生の賢者《けんじゃ》

〝今〟が一番大事である。過去を振《ふ》り向いてはいけない。振り向く必要もない。未来への希望を大いに燃やして、今、この時に全力をそそいで生きる。その人が、人生の賢者である。

思いやり

「思いやり」とは「思いを遣《や》る」、つまり思いを他の人まで差し向けることである。慈愛《じあい》を馳《は》せることである。思いを遠く遣った分だけ、わが心は広がる。

恩と感謝

恩を知り、恩に感謝し、恩に報《むく》いようと生きるとき、
人間は、自分自身を豊かに高めていくことができる。

苦労して、自分を育ててくれた親を大切にすることは、人間として、根本の道である。恩を受けながら、その恩に感謝し、報いることのできない人間に、人を救うことなどできない。

周囲の人に感謝や尊敬《そんけい》の心をもてなくては、どれほど力があっても結局は孤立《こりつ》し、せっかくの力も発揮《はっき》できずに終わってしまう。感謝や尊敬の心は、その人の人間としての大きさの証《あかし》である。

感謝がない人間は、人が自分のために、何かしてくれてあたりまえだと思っている。結局、人に依存《いぞん》し、甘《あま》えて生きているといってよい。だから、人が何かしてくれないと、不平と不満を感じ、いつも、文句ばかりが出てしまう。そして、少し大変な思いをすると、落ち込《こ》んだり、ふてくされたりする。それは、自分で自分をみじめにし、不幸の迷路《めいろ》をさまようことになる。

あいさつ

あいさつは心のドアを開くノックである。さわやかで感じのよい、あいさつの姿《すがた》には、人間性の勝利がある。

言葉への気遣《きづか》い

人間は、たった一言の言葉で、悩《なや》むこともあれば、傷《きず》つくこともある。また安らぎも感じれば、勇気を奮《ふる》い起こしもする。ゆえに、言葉が大事になる。言葉への気遣いは、人間としての配慮《はいりょ》の深さにほかならない。

ユーモア

人生にあって笑いがないということは、花がパッと開かないのと同じだ。いかに葛藤《かっとう》に満ちた社会であっても、ユーモアだけは忘《わす》れたくない。

賢《かしこ》い食生活

心豊かな食事と会話、そして賢い教養のある食生活こそが、健康な人生の源泉《げんせん》となり、健全な社会の土台となろう。

何のため

英知を磨《みが》くは何のため　君よ　それを忘《わす》るるな

仲良く

「仲良くしていこう」と思える人は幸せである。「仲良くしていこう」と心を配り、行動していける人は立派《りっぱ》である。心がきれいであり、豊かな人である。

美しく老いる

人生の年輪を重ねるごとに、心がいよいよ若《わか》さを増していく。つねに「さあ、これからだ」と力強く前進する。これが真の健康である。本当の長寿《ちょうじゅ》である。

本来、「老い」の意義とは何か――。それは、若かりし日を思い、感傷《かんしょう》にひたる時期などではない。最も荘厳《そうごん》にして悠然《ゆうぜん》と光を放ちゆく深紅《しんく》の夕日のごとく、最も生の充実《じゅうじつ》を図《はか》るべき、人生の総仕上げの時ではないだろうか。

いっさいは、自分の心をどの方向へ向けていくかに、かかっている。老いを、単に死に至《いた》るまでの衰《おとろ》えの時期と見るか、それとも、人生の完成へ向けての総仕上げの時ととらえるのか。老いを人生の下り坂と見るのか、上り坂と見るのか――同じ時間を過ごしても、人生の豊かさは天と地の違《ちが》いがあるのだ。

人間誰《だれ》しも、肉体的には必ず老いていく。若いときのようにはいかない。病気になることもあるだろう。健康のための賢明《けんめい》な知恵《ちえ》も必要である。しかし、「もっと働こう！　人々のために！　未来のために！」とつねに前を向いて進み続ける心を、最後まで失ってはならない。その心のなかに、潑剌《はつらつ》とした長寿の秘訣《ひけつ》、健康の秘訣がある。

笑《え》顔《がお》

笑顔は、幸福の結果というよりも、むしろ幸福の原因だといえよう。

第二章

人生と社会

使命

労苦と使命のなかにのみ　人生の価値《たから》は生まれる

この世に生まれてきたということは、尊《とうと》い使命をもっているということである。使命のない人はいない。未来に羽ばたく使命を自覚し、努力を重ねていったときに、才能の芽は急速に伸《の》びる。

使命とは、誰《だれ》から与《あた》えられるものでもない。自らが決然《けつぜん》と選びとるものだ。その自覚こそが、すべての挑戦《ちょうせん》への希望となり、困難《こんなん》を克服《こくふく》しゆく大きな力の源泉《げんせん》となっていくのである。

一生を何に捧《ささ》げるのか。それによって人生の価値《かち》も深さも決まる。人生は厳《きび》しい。その人の真実は、そのまま人生の最終章に結晶《けっしょう》されるものである。ごまかしはきかない。善も悪も、正も邪《じゃ》も、人間の晩年《ばんねん》は鏡のごとく、その人の生涯《しょうがい》の軌跡《きせき》を映《うつ》し出す。

まず自分

社会の矛盾《むじゅん》を嘆《なげ》くだけでは何も変わらない。まず自分自身が強くなり、賢《かしこ》くなり、輝《かがや》いていくことだ。それが、必ず社会を変革《へんかく》する力となる。

信用こそ財産

人間にとって、信用ほど大切なものはない。信用こそ最高の財産である。

正義

真の正義とは、民衆《みんしゅう》の幸福であり、平和でなければならないはずである。いかなる大義があろうとも、そこに不幸な人々がいるかぎり、正義は存在《そんざい》しない。

正義といい、人権《じんけん》といっても、人が人を犠牲《ぎせい》にしないことである。他人の不幸の上に自己《じこ》の幸福を築《きず》かない、ということだ。

正義など、どうでもいいというのは気楽かもしれないが、その代わり、人生の本当の深さも、喜びも、充実《じゅうじつ》も、向上も、価値《かち》も、幸福も、何ひとつ味わえない。ただ欲《よく》望《ぼう》に流されていくだけのつまらない人生である。

正義感を決して失ってはならない。世間ではよく「清濁併《せいだくあわ》せ呑《の》む」ということが度《ど》量《りょう》のようにいわれるが、不正、不純《ふじゅん》を容認《ようにん》し、それに慣れてしまえば、自分自身が濁《にご》っていく。そうなってしまえば、本末転倒《ほんまつてんとう》である。

悪と戦わずして、正義はない。悪と戦わずに見て見ぬ振《ふ》りをしていれば、自身が悪に通じてしまう。ゆえに、正義は断じて強くあらねばならない。正義とは勇気である。

人を育てる

人を育成するには、大きな責任をもたせ、実際にやらせてみることが大切だ。人は責任を自覚し、真剣《しんけん》になることによって、力を増すものだからである。

人事

聡明《そうめい》な人事は、組織を潤沢《じゅんたく》にし、人材を伸《の》ばす。愚《おろ》かな人事は、組織をこわし、人材を殺してしまうものである。

勝利

勝利の栄冠《えいかん》は、時を逃《のが》さず、先んじて行動する人の頭上にこそ輝《かがや》く。明日の勝利の因《いん》は、今日この時の、決意と行動にこそある。

どんなにささいなことであっても物事を軽視《けいし》する態度は、敗北につながる。安易な考え方に勝利はない――安直は建設の敵であるからだ。

綿密《めんみつ》な計画、冷静な分析《ぶんせき》、周到《しゅうとう》な準備、そして慎重《しんちょう》な遂行《すいこう》――そこに人知のかぎりを尽《つ》くしてこそ、勝利の光が見えてくる。

いかなる次元であれ、戦いというのは、つねに知恵《ちえ》と知恵との勝負である。現実の動きをどう読むか。そのうえで、どう手を打つか。この〝知恵比べ〟を制したものが、栄冠を手にする。これは、時代や社会を超《こ》えた、勝負の鉄則である。

勝ったときに、成功したときに、未来の敗北と失敗の原因をつくることもある。負けた、失敗したというときに、未来の永遠の大勝利の原因をつくることもある。

信念の力

信念は目に見えない。しかし、信念こそが歴史を一歩前へと前進させる無限の力をもっている。その力を信ずることである。その力を発揮《はっき》することである。その力を証明することである。

建設は死闘《しとう》

破壊《はかい》は一瞬《いっしゅん》　建設は死闘

惰性《だせい》は暗《あん》　希望は明《めい》

後退は死　前進は生

仕事

社会の場での戦いは、信用の積み重ねが大事である。
それには、誠実《せいじつ》、誠意、真心以外にない。

就職《しゅうしょく》すれば、まったく不得意な仕事をしなければならないこともある。いやな上司や先輩《せんぱい》がいて、人間関係に悩《なや》み抜《ぬ》くこともあるかもしれない。しかし、仕事とは挑戦《ちょうせん》である。そう決めて、職場の勝利者をめざして仕事に取り組むとき、職場は、自分を鍛《きた》え、磨《みが》いてくれる、人間修行《しゅぎょう》の場となる。

自分がいる、その場所で信頼《しんらい》を勝ち取ることだ。その部署《ぶしょ》で、第一人者になることである。また、仕事で実績をあげることは当然だが、まず、朝は誰《だれ》よりも早く出勤《しゅっきん》し、元気なあいさつで、皆《みな》を迎《むか》えることだ。朝に勝つことだ。

人は、日の当たる場所にいて、期待され、称賛《しょうさん》されているときには、はりきりもする。だが、その部署や立場を外れたときに、どこまで真剣《しんけん》に、意欲《いよく》的に仕事に取り組んでいけるかである。華《はな》やかさもない苦労の多い職場や、自分の希望と異《こと》なる部署に配属されたときに、頑張《がんば》り抜けるかどうかである。実は、その時こそ、人間としての真価が問われているのだ。

負けない

勝つことだけが人生ではない。勝とうと背伸《せの》びして道理にはずれてしまっては、何にもならない。負けないという人生は、永久に勝ちである。勝つことよりも負けないことのほうが、偉大《いだい》な勝利なのだ。

桜梅桃李《おうばいとうり》

桜は桜、梅は梅、桃《もも》は桃、李《すもも》は李。花にもそれぞれ個性がある。人もまた同じである。さまざまな個性の人が自分らしく花を咲《さ》かせ、しかも互《たが》いに尊重《そんちょう》し、調和を保っていくのが人間協和の社会であり、平和の要諦《ようてい》といえよう。

苦《く》難《なん》

もっとも不幸を味わった人こそ、もっとも幸福になる権《けん》利《り》がある。

苦しんでいるときは、この闇《やみ》が永遠に続くような気がするかもしれない。しかし、夜は必ず朝になる。冬は必ず春になる。永遠に続く夜も、永遠に続く冬も絶対にない。誰《だれ》よりも苦しんだ人は、誰よりも人の心がわかる人になる。その人こそが、偉大《いだい》な使命を果たせるのだ。

自分に負けないかぎり、いつか必ず、開けるときが訪《おとず》れる。自分を卑下《ひげ》してはいけない。自分を大事にすることである。

誰もが困難《こんなん》な課題や苦悩《くのう》をかかえている。悩《なや》みがない人などいない。みんな、そのなかでそれを克服《こくふく》しようと、必死になって努力し、泣くような思いで挑戦《ちょうせん》している。それが生きるということだ。

困難や悪条件をかかえているということは、それだけ、使命が大きいということである。その障害《しょうがい》を克服し、勝利したときには、同じ苦悩をもつ人々に、いや万人《ばんにん》に、新しき勝利の大道を示し、希望を与《あた》え、活力を与えることになる。

優秀《ゆうしゅう》な人

人間として、誰《だれ》が「優《すぐ》れて」いるのか。それは人の心の痛《いた》みを分かち合える「優《やさ》しさ」をもつ人ではないだろうか。その人こそ「優秀」な人なのではないだろうか。

謙《けん》虚《きょ》

偉《えら》ぶってはいけない。
偉く見せようとすることもいけない。
また偉くさせてもいけない。
謙虚であることが尊《とうと》く強いのだ。

師弟《してい》

師という原点をもつ人は強い。原点を忘《わす》れない。原点を忘れなければ、人間は、進むべき信念の軌道《きどう》を見失うことはないからだ。

生き方は、単なる知識のように伝えられるものではない。全人格的な関《かか》わりを通じてはじめて伝えられるのだ。そこに師弟の意義と重要性がある。

人の一生において最も大切なのは、誰《だれ》を師とし、誰を模範《もはん》とするかであるといってよい。人生の師をもてること以上に幸福なことはない。

今日、師弟というと、なにか時代錯誤《さくご》的な、封建《ほうけん》時代の遺物《いぶつ》のような印象を抱《いだ》く人も少なくない。しかし、いかなる道を極《きわ》めるにも、師が必要である。

師弟とは、同じ理想を分かち合い、その実現に向かって戦う最高無二《むに》の同志といえるのではないだろうか。師弟は、いわゆる徒弟《とてい》や主従《しゅじゅう》とは、根本的に異《こと》なる。後者を一方的な上下関係とすれば、師弟は平等な人間主義の結合である。そこには、弟子《でし》の自発の行動がある。師匠の慈愛《じあい》がある。

リーダーと私心《ししん》

人材は、いる。さがせば見つかる。しかしリーダーに私心があれば、まじめな人材ほど苦しむことになる。反対に、リーダーが無私《むし》であればあるほど、その「無私の真空」に引き込《こ》まれるようにして、よき人材が集まり、衆知《しゅうち》が集まり、民衆《みんしゅう》の信望が集まってくるものだ。

人間の真価

人間の真価というのは、学歴や立場、肩書《かたがき》によって決まるのではない。信義を守るかどうか、誠実《せいじつ》であるかどうか、真剣《しんけん》であるかどうかである。そして、〝信義の人〟〝誠実の人〟〝真剣の人〟には、人間性の光彩《こうさい》がある。

読書

たった一つの言葉にも、人生を変える力がある。
たった一冊《さつ》の本にも、時代を動かす力がある。

「一書の人を恐《おそ》れよ」といわれる。自分自身の座右《ざゆう》の書をもつ人は強い。心に不動の柱ができる。いかに時代が変わり、社会が変わろうとも、惑《まど》わずに進むべき人生の針《しん》路《ろ》を指し示す、確かな羅針盤《らしんばん》をもつことができるからだ。

一冊の良書は、一人の偉大《いだい》な教師と出会うようなものだ。青年時代、なかんずく少年時代に良書と出会うことの重みは計り知れない。

〝読む〟ことは「心を耕《たがや》すクワ」といえる。じつは、本そのもののなかに、知恵《ちえ》や幸福があるわけではない。本来、それらは全部、自分のなかにある。しかし、読書というクワで、自分の心、頭脳《ずのう》、生命を耕してこそ、それらは芽を出し始める。

読書を通して、幾多《いくた》の偉人《いじん》の波瀾万丈《はらんばんじょう》の人生を追体験したり、歴史上の英雄《えいゆう》と〝対話〟したりすることは、最高の人間学となり、知恵の源泉《げんせん》となる。

歴史

歴史観とは人間観である。歴史を学ぶことは人間を見る目も豊かにする。

正しい歴史観には、正しい「人間観」「社会観」「生命観」が必要である。「それが人間を、幸福にしたのかどうか」という観点で、すべてを検証し直すことだ。これまでの歴史は、往々にして「権力者中心《けんりょくしゃ》」「政治中心」「国家中心」の歴史であった。これを「民衆中心《みんしゅう》」「生活中心」、そして「人類的視点《してん》」の歴史に書き換《か》えなければならない。

過去の歴史の真実を見きわめるのは至難《しなん》のわざである。とくに歴史書は、ほとんどが勝者の歴史である。「勝てば官軍」というが、勝ったほうが正義とされる。負ければ悪人にされる。そこを見なければいけない。

「史観」と「史眼」が大事である。レンガを集めただけでは家は建たない。事実を集めただけでは歴史は書けない。そこに〝どう事実を組み合わせたか〟という、歴史を書いた人の哲学《てつがく》が隠《かく》されている。それを見抜《みぬ》くことだ。

歴史を学ぶことは、自らの生き方を探求《たんきゅう》することである。そして、歴史を学ぶことによって、人間は自らを高め、外なる権力や内なる感情などに左右されることのない、聡明《そうめい》な自分自身を築《きず》きゆく未来への一歩を踏《ふ》み出すことができるのだ。

第三章　女性と教育

女性の力

時代は、女性のもつしなやかな想像力、優《やさ》しさ、温かさ、人間味などが社会に反映《はんえい》されることを求めている。モノや効率ばかりを追うような社会から、心の通う人間らしい社会に戻《もど》していくには、女性の力が不可欠なのである。

政治にしろ、市民運動にしろ、現実に根ざした女性の意見が反映されてこそ、地に足のついたものになる。

心の奥《おく》の、秘《ひ》められた感情や情緒《じょうちょ》に、ものの見事に反応する力は、女性に与《あた》えられた天分とでもいえよう。それこそが、子を産み育てゆくという、宇宙《うちゅう》全体から託《たく》された役割《やくわり》をもつ女性の本然《ほんねん》の力であろう。

男性的なものの見方が支配的であったこれまでの歴史のなかで、ともすれば、女性の真の偉大《いだい》さ、その勇気が生み出す力は、過小評価されてきた。しかし、実のところ、圧政や不条理《ふじょうり》を許さず、精神の力をもって新しい歴史の突破口《とっぱこう》を開いてきたのは、女性だったのではないだろうか。

自分が今いる、その場所で、身近な現実を決して疎《おろそ》かにせず、縁《えん》する人々を大事にし、生命を大切にしていこうとする――こうした女性の知恵《ちえ》と力が伸《の》びやかに反映される社会でこそ、地球的課題の打開も、世界の平和も、堅実《けんじつ》に前進していくに違《ちが》いない。

女性の生き方

教養と品格ある女性――。その知性と優《やさ》しさのなかにこそ、真の美しさが輝《かがや》く。周囲に信頼と安心を広げることができる。

女性の場合、決して、いわゆる青春時代のみが花なのではない。若《わか》い時代にどんなに華《はな》やかであっても、その幸福は浅いものだし、また一生続く保証もない。長い目で見たときには、心にしっかりした芯《しん》をもっている人は、時とともに、輝いていくものだ。

芯は強くとも、表面は、つねに優雅《ゆうが》な気品と、温かさをたたえて、職場に春風を吹《ふ》かせていくような存在《そんざい》であってほしい。傲慢《ごうまん》にわがままを通そうとしたり、いたずらに感情的になったりしては、自分で自分を傷《きず》つけているのと同じである。気品のある、女性らしい女性は、幾《いく》つになっても、みんなから慕《した》われ、大事にされていくものである。

家族のため、近隣《きんりん》のために、自分らしく、誠実《せいじつ》に精一杯《せいいっぱい》の努力をして生きてきた女性の一生は、平凡《へいぼん》であっても、尊《とうと》く美しい。

恋愛《れんあい》と結婚《けっこん》

恋愛と結婚とは、それぞれ独立した、別々のもののように考えられ、それが近代的な生き方であるかのようにいわれているが、私《わたし》はそれは誤《あやま》りであると思っている。やはり、真剣《しんけん》な恋愛は、結婚という実を結ぶための花でなければならない。

恋愛のために、まわりと折り合いが悪くなり、仕事も手につかなくなって、自身がいい加減になってきたら、その恋《こい》は本物ではない。恋するがゆえに、生命が、生き生きと躍動《やくどう》し、仕事に張り合いが感じられ、まわりの人々からも、いよいよ親しまれるようになったら、その恋は本物であると考えて、まず間違《まちが》いなかろう。

独身時代には、親兄弟という貴重《きちょう》な庇護者《ひごしゃ》が後ろについていて、いざというときには風雪から守ってくれた。結婚して、家庭をもつからには——直接、風雪に身をさらす覚悟《かくご》が絶対に必要である。いな、今度は自分たちが、二人の間に生まれてくる子どもたちのために、庇護者になっていかなければならないのだ。これが結婚を考えるうえでの、最も心しなければならないポイントである。

結婚は、それ自体が目的ではない。大事なことは、あくまでも、一人の人間としての尊厳《そんげん》であろう。人は、誰《だれ》も皆《みな》、生まれてくるときも一人、死んでいくときも一人である。結婚するかどうかなどで、幸福は決まらない。幸福を決めるのは、生き甲斐《がい》があるかどうか、充実《じゅうじつ》があるかどうかである。

夫婦《ふうふ》

夫と妻は互《たが》いに向き合った相対的な関係であってはならない。共に新しい人生の目標に向かって進む共同の主体者であり、建設者であるはずだ。

親子には血のつながりがある。しかし、夫婦は、もとは他人である。当然、育ってきた環境《かんきょう》も違《ちが》う。他人同士の共同作業であるがゆえに、結婚《けっこん》生活は、相手を理解していこうという努力と忍耐《にんたい》の旅といってよい。

夫婦は人生の伴侶《はんりょ》であると同時に、よき友人であるべきだ。友であれば当然、助け合うべき存在《そんざい》だ。そこに妥協《だきょう》などない。互いの成長のために叱咤《しった》もすれば、手も取り合う。傷《きず》つき、悩《なや》んでいるときには励《はげ》ましの言葉を贈《おく》り、嬉《うれ》しいときには共に喜ぶ。夫にとって妻とはそうあらねばならないだろうし、妻にとっての夫もそうである。

こまやかな情愛がにじみ出ている夫婦や家庭には、不思議とほめ上手の奥《おく》さんがいるようだ。身近な家族同士では、意外に、不平や欠点の指摘《してき》に終始《しゅうし》していることも多い。そうしたなかで、ほんのちょっとした励ましの言葉が、相手の心をほぐし、会話を円《えん》滑《かつ》にする。自信をもたせる。

母

母こそ、子どもにとって人生における最初の教師にして、
最良の教師である。

毎日、雨の日も嵐《あらし》の日も、寒い冬も暑い夏も、太陽は同じように運行していく。その太陽と同じように、いかなるときも、庶民《しょみん》のお母さんは、多くの労苦を一身に担《にな》って、生命を育《はぐく》み、守り、慈《いつく》しむ。庶民のお母さんが一番尊《とうと》くて偉《えら》いのだ。

完璧《かんぺき》な母親などいない。欠点も長所もあるから、人間なのだ。そこに人間らしさがある。だからこそ、子どもも安心できる。自分らしくてよいのである。

子どもにとって、母親から激励《げきれい》され、ほめてもらった記憶《きおく》は、嬉《うれ》しく、いつまでも忘《わす》れないものである。

母は偉大《いだい》である。母は勇敢《ゆうかん》である。母は聡明《そうめい》である。母は正義である。その母たちが幸福に輝《かがや》いていってこそ、平和と希望の園《その》が広がるのだ。

無限の財宝《ざいほう》

母は　大邸宅《だいていたく》や　庭園がなくても　平気である
お金がなくても　名誉《めいよ》がなくても　平然としている
愛する主人が　いかなる立場であろうが　達観《たっかん》している
わが家こそが　宮殿《きゅうでん》であり
心のなかには　無限の財宝を持っていることを
知っているからだ

本来の美しさ

人の美しさを妬《ねた》めば、自分の本来の美しさも消える。
人の美しさを讃《たた》えれば、自分の本来の美しさは倍加《ばいか》する。

親子と家庭

家庭教育の最大にして最重要の眼目は、心を育《はぐく》むことである。人の心がわかり、行動できる人こそが、本当に心の強い人間なのである。そのためにも、親の生き方を通して、子どもの心を鍛《きた》えていきたい。

「子どもは親の背《せ》に学ぶ」という。しかし、誰《だれ》しも自分の背は見えない。見るための鏡が子どもである。その意味では、子どもは自分を磨《みが》いてくれるありがたい存在《そんざい》であり、「子育て」は、「自分育て」でもあるのではないだろうか。

欠点を指摘《してき》するよりも、長所を見つけ出してほめてあげること――これは、人を育てる際の鉄則である。どんな子どもでも、その子ならではの個性と何らかの長所を必ずもっている。そこに〝追い風〟を送ってあげると、才能の芽は急速に開花し、人格的な面でも驚《おどろ》くほどの成長を見せるものだ。

子どもは決して親の所有物ではない。一個の人格である。少なくとも〝対等な人格〟のもち主であり、尊敬《そんけい》すべき存在である。ゆえに自立させることが大切だ。家庭教育の根本は、自立させるための教育にあるといえるのではないだろうか。

教育の使命

教育には、人間を善《ぜん》にする力も、悪にする力もある。
だからこそ、教育が大事である。

教育の本義は人間自身をつくることであり、知識を糧《かて》に無限の創造性《そうぞうせい》、主体性を発揮《はっき》しうる人間を育《はぐく》む作業といえる。したがって、知識の切り売りに終始するならば、本来の教育目的を達することはできない。

世界では今でも、貧困《ひんこん》や差別に苦しみ、人間の尊厳《そんげん》を日常的に脅《おびや》かされている人々が多くいる。そうした人々への同苦《どうく》を胸《むね》に抱《いだ》き、共に幸福と平和を勝ち取るべく、徹《てっ》して学び行動していく――それこそが、真の意味で教育を受けた人間といえるのではないだろうか。

戦争のための教育、科学のための教育、経済《けいざい》のための教育……偏《かたよ》った教育の歪《ひず》みが、二十世紀の行き詰《づ》まりをもたらした大きな要因である。教育は、あくまでも、人間のためにある。人間の幸福と平和のためにある。

教師の役割《やくわり》

教育の原点は教師である。その人格こそが、教育という価値《かち》創造《そうぞう》の根源《こんげん》である。ゆえに教師こそ、最大の教育環《かん》境《きょう》となる。

教育者自身が自己啓発《じこけいはつ》に努め、成長を図《はか》っていくことが、どれほど重要であるか。生徒や学生にとって最大の教育環境が教師であることを思えば、教師の不断の努力、向上こそ、教育の改革《かいかく》に必要不可欠である。

自由は規律《きりつ》と自律《じりつ》のなかにあるものだ。放縦《ほうじゅう》と自由は、まったく違《ちが》う。厳《きび》しい自己規律にこそ、真の人格の陶冶《とうや》があり、自身の成長と自己実現がある。そのことを教えるのが教育であり、教師の重要な役割といえるのではないか。

学ぶ楽しさと成長する喜びを経験させることが、教育にとって最も大切なことである。一度でもそれを味わうことができれば、子どもは自分でどんどん伸《の》びていくことができる。自分のもっている力と、そのすばらしさに気づかせることだ。

「いじめ」を考える

いじめ問題に取り組む第一歩は、「いじめる側が一〇〇パーセント悪い」ことを明確にすることである。

どの子も等しく、幸福になるために、この世に生まれてきた宝《たから》の存在《そんざい》である。「いじめられていい子」などいない。「いじめていい権利《けんり》をもつ子」もいない。だからこそ、あえて、「いじめは、一〇〇パーセント、いな一〇〇〇パーセント、悪い。いじめは絶対悪である」と強く訴《うった》えたい。「いじめられる側にも原因がある」という声は結局、いじめを正当化する理屈《りくつ》である。いじめを放置すれば、いじめられる側だけでなく、いじめる側の心の破壊《はかい》にもつながる。

いじめられている人は、決して、自分を恥《は》ずかしいと思ってはいけない。自分を、みじめに思ってはいけない。恥ずかしがらないといけないのは、いじめている側である。そちらのほうが、本当はみじめな人間なのである。

いじめる子にも、それなりの言い分があるだろう。「いじめ」という行為《こうい》で発散しなければおさまらない「いらいら」とか「さびしさ」もあるかもしれない。しかし、どんな理由があろうとも、人を傷《きず》つけてはいけない。大人も「してはいけないことは、どんなことがあっても、してはいけない」と、はっきり教えなければいけない。ここをあいまいにして、加害者も被害者《ひがいしゃ》も「どっちも、どっち」くらいに思っているかぎり、いじめはなくならない。

大学

学問や学歴は、本来、立身出世のための道具ではない。人々の幸福に寄与《きよ》するためであり、むしろ、大学で学ぶのは、大学に行けなかった人たちに奉仕《ほうし》し、貢献《こうけん》するためである。

いかなる大学をつくるかが、いかなる次代の指導者を育《はぐく》むかを決定づける。それは、そのまま日本の、さらに、世界の未来を決定づけてしまう。

教員と学生が、深い信頼《しんらい》と尊敬《そんけい》の上に立って、真摯《しんし》な学問の打ち合いに挑戦していく――そこにこそ、真の人間教育があり、大学の発展《はってん》がある。教育の自主と独立の気風なくして、真の学問も、新たな価値創造《かちそうぞう》の文化も育たない。

大学といっても、その実質はどこにあるか。それは卒業生という生きた人間のなかに脈打っている。大学で学び巣立った友が社会でどう活躍《かつやく》しているか。それが大学の〝実体〟を示す明瞭《めいりょう》な鏡である。

大学の価値は、財力や名声などだけで決まるものでは決してない。大事なのは人材である。教員や職員、そして学生が一丸となって地道な向上の歩みを貫《つらぬ》いていくなかで、一つ一つ信頼と評価が勝ち取られていくのだ。

現代社会と教育

教育は、次代の人間と文化を創《つく》る厳粛《げんしゅく》な事業である。したがって、時の政治権力《けんりょく》によって左右されることのない、確固たる自立性をもつべきである。その意味から、これまでの立法、司法、行政の三権に教育を加え、四権分立案を提唱しておきたい。

教育権は、国家主権から独立し、その干渉《かんしょう》を許してはならない。教育は、国家益でなく人類益の立場に立って、行われるべきである。

戦前の日本が犯《おか》したような、良心の自由や信教の自由を踏《ふ》みにじる宗教《しゅうきょう》教育の強制という愚行《ぐこう》は、断じて繰《く》り返してはならない。

教育がなければ、人間はやすやすと政治的権威《けんい》や宗教的権威の奴隷《どれい》になってしまう危険性《きけんせい》がある。民衆がだまされ続けるかぎり、権力者はますます横暴《おうぼう》になっていく——この悪循環《あくじゅんかん》を断《た》ち切らねばならない。

未来を切り開くのは人間である。平和を創るのも人間である。その人間を育て、知性を磨きゆく力が教育である。二十一世紀を「教育の世紀」とする以外に、人類の未来はない。

第四章　生命と哲学

生命の尊厳《そんげん》と死生観

現代社会の不幸の元凶《げんきょう》は、人間生命が尊厳なる存在《そんざい》であるという、本源的《ほんげん》な考えが欠如《けつじょ》していることだ。この思考を欠いては、人間の復権《ふっけん》はありえない。

星々のかけらから生命が誕生《たんじょう》したことを思うと、この宇宙《うちゅう》それ自体が生命的存在であるといえよう。星々も地球も、花も木々も人間も、すべて同じ次元から発して、今ここにある。ゆえに人間は、全宇宙と一体なのである。

生命の尊厳とは、人間の生命、人格、個人の幸福を、いかなることのためにも、手段《しゅだん》にしないということである。

死を真摯《しんし》に見つめることは、生命という最も根源《こんげん》的な課題を見据《みす》えていく重要な契機《けいき》となる。そして、それは、〝生命の尊厳〟への自覚を促《うなが》してやまない。

死は単なる生の欠如ではなく、生と並《なら》んで、一つの全体を構成する不可欠の要素なのである。その全体とは生命であり、生き方としての文化である。ゆえに、死を排除《はいじょ》するのではなく、死を凝視《ぎょうし》し、正しく位置づけていく生命観、死生観、文化観の確立こそ、二十一世紀の最大の課題となってくるであろう。

思想と哲学《てつがく》

いっさいの思想は地球上の生命を守り抜《ぬ》くためにこそあるべきだ。それを脅《おびや》かす思想は、断じて受け入れるべきではない。

思想、哲学が優《すぐ》れているか否《いな》かを決めるのは、複雑とか単純《たんじゅん》とかいった問題ではなく、創造的《そうぞう》な発想をどこまで生かしきっているかであろう。

哲学とは生きる意味を啓発《けいはつ》し、生きる力を目覚めさせる知恵《ちえ》である。苦しんでいる心を、どう励《はげ》ますのか。そして、困難《こんなん》に立ち向かう力を、心のなかから、どう引き出していくか――それが、今の社会では何よりも大切ではないだろうか。

物事をどうとらえるかが、哲学である。一つ一つの事柄《ことがら》を悲観的に見るか、楽観的に見るか。否定的《ひてい》に見るか、肯定的《こうてい》に見るか――で、人の生き方はまったく異《こと》なってくる。

哲学といっても、教養といっても、それは飾《かざ》りではない。遠くにあるものでもなければ、いわゆる〝哲学者〟の専有物《せんゆうぶつ》でもない。地位や肩書《かたがき》に関係なく、真面目《まじめ》に真剣《しんけん》に生きる人こそが、哲学をもっているといえるのではないだろうか。

指導者の哲学《てつがく》

苦しんでいる人々を、どう救うか——ここにこそ、人類をリードするいっさいの哲学や指導者論《しどうしゃろん》のエッセンスが凝縮《ぎょうしゅく》している。

善悪《ぜんあく》の基準

善悪を見きわめる力をいかに培《つちか》うか。それによって人間の幸福も、人類の平和も、未来も決まってしまう。社会には、善と悪とが明快に判別できない場合もあるだろう。しかし、いかなる理由であれ、尊厳《そんげん》ある生命を傷つけ、殺し、破壊《はかい》することは悪である。そして、生命を守り、発展《はってん》させゆくものは善である。

宗教《しゅうきょう》の原点

人間の幸福のために宗教はあらねばならない。宗教のために人間があるのではない。

イエスにしても、ムハンマドにしても、釈尊《しゃくそん》にしても、みな人間の解放をめざした。悩《なや》める人の支えとなり、病《や》める人の助けとなった。創始者《そうししゃ》の精神――人間主義の原点に戻《もど》れば、むしろ対立や争いは解消するはずである。

教条《きょうじょう》主義的に教えの言葉のみに執着《しゅうちゃく》して、その教えが何のために説かれたのか、その教えに込《こ》められた思いは何かを忘《わす》れてしまっては、宗教のための宗教となってしまう。宗教は人間のためにあるべきだ。人間を忘れては、偏狭《へんきょう》な狂信《きょうしん》、独善《どくぜん》的宗教となってしまう。

教義論争《ろんそう》の次元を超《こ》えて、人間のための宗教を見定める要件として、「宗教が人間の精神性を強くするのか弱くするのか」「善《よ》くするのか悪くするのか」「賢《かしこ》くするのか愚《おろ》かにするのか」――この三つの判断基準を提示したい。

宗教《しゅうきょう》の使命

生きた宗教は、社会に生き生きと活力を与《あた》え、躍動《やくどう》する精神の息吹《いぶき》を吹《ふ》き込《こ》んでいく。社会に何らの貢献《こうけん》もなし得《え》ないのであれば、それは死せる宗教といわざるを得ない。

宗教の第一の使命は、悩《なや》める友の救済《きゅうさい》にある。貧しき人や病《や》める人に、救いの手を差し伸《の》べてこそ、真実の宗教である。

宗教は、人間が苦難《くなん》を乗り越《こ》え、より高次の目的や理想に向かって生きるための進路を指し示すものといえよう。

これからの時代は、現実の社会の変革《へんかく》よりも死後の世界の幸福などに重きを置くような宗教であっては、もはや存在《そんざい》意義がない。それは、ある意味で危険《きけん》ですらあるといってよいだろう。そうした宗教は、現実の諸問題に対して積極的に挑《いど》む力を人々から奪《うば》い、諦《あきら》めや無気力を社会に蔓延《まんえん》させてしまう恐《おそ》れがあるからだ。

宗教が、平和の原動力となりうるか。それとも、対立と憎悪《ぞうお》の炎を、いっそう燃え立たせてしまうのか。ここに二十一世紀の宗教の存在意義が問われているといえる。宗教がテロや戦争を正当化するならば、それは宗教の〝自殺行為《こうい》〟といわざるを得ない。

信仰《しんこう》と知性

いかなる宗教《しゅうきょう》であれ、排他《はいた》や独善《どくぜん》に陥《おちい》らず、その包括《ほうかつ》性《せい》や受容性を維持《いじ》していくには、良識ある知性の力こそが、必要なのである。

〝理性ある信仰〟こそ、世界宗教の必須《ひっす》条件である。理性こそ、文化や人種・民族を越《こ》えた人類の共通の基盤《きばん》である。この共通の基盤を重視《じゅうし》していかなければ、人間相《そう》互《ご》の対話も人類全体の調和もないのである。

教育なき宗教は偏頗《へんぱ》な教条《きょうじょう》主義に陥り、宗教なき教育は〝何のため〟という根本目的を見失ってしまう。

教育は、科学的知見をも含《ふく》む〝開かれた普遍《ふへん》的知性〟をもって、人を育てるものである。ゆえに、宗教と教育の両方が相まってこそ、人類の平和と幸福への正しき路線がつくられていくのである。

歴史を振《ふ》り返れば、必ずしも宗教は、その使命を果たしてこなかった。教条的になって無用の争いを引き起こしたり、傲慢《ごうまん》な聖職者《せいしょくしゃ》が信徒を奴隷《どれい》のごとく見下し、金儲《かねもう》けの道具にしたりするような宗教もあった。だからこそ大切なのは教育である。

信教の自由

権力《けんりょく》が暴走し、猛威《もうい》を振《ふ》るうときには、必ず思想や信教への介入《かいにゅう》が始まる。ゆえに、思想・信教の自由を守る戦いを忘《わす》れれば、時代は暗黒の闇《やみ》のなかに引きずり込《こ》まれることを知らねばならない。これこそ、時代の法則であり、歴史の証明である。

国家主義は宗教《しゅうきょう》

国家主義というのは、一種の宗教である。誤《あやま》れる宗教である。国のために人間がいるのではない。人間のために、人間が国をつくったのだ。これを逆さまにした〝転倒《てんとう》の宗教〟が国家信仰《しんこう》である。

宗教《しゅうきょう》間対話

仏教徒である前に、人間である。イスラム教徒である前に、人間である。キリスト教徒である前に、人間である。対話を通して、人間性という共通の大地に目を向け、友情が生まれれば、そこから互《たが》いの長所も見えてくる。学び合おうとする心も生まれるのだ。

大切なのは対話である。二十一世紀の宗教は、開かれた宗教でなくてはならない。開かれた宗教とは、人間を狂信《きょうしん》的、閉鎖《へいさ》的にするのではなく、開かれた人間へと育てていくものである。

自らが信奉《しんぽう》する宗教によって洞察《どうさつ》された真理が、他の宗教にも見いだせることは、しばしば自らの正しさを補完《ほかん》的に証明するものとなる。逆に、他の宗教の全面的な否定《ひてい》は、そのなかに含《ふく》まれている真理をも否定することになり、それは自らの真実性をも否定することになりかねない。

宗教間対話が実りをもたらすためには、互いの教義の比較《ひかく》や優劣《ゆうれつ》を争うことに目を奪《うば》われてしまってはいけない。むしろ、現実の社会の問題を解決するためにどうすればよいのかという、問題解決志向型の対話を進めることが大切になるのではないだろうか。

仏法の知見と人間革命《かくめい》

一人の人間における偉大《いだい》な人間革命は、やがて一国の宿命《しゅくめい》の転換《てんかん》をも成し遂《と》げ、さらに全人類の宿命の転換をも可能にする。

自分中心の生き方から、他者に貢献《こうけん》する生き方への転換――。これこそが「人間革命」だ。

仏教とは、どこまでも〝現実を変革するため〟の教えである。苦悩《くのう》する人を前に、座《ざ》して瞑想《めいそう》にふけるよりも、「抜苦与楽《ばっくよらく》（苦を抜《ぬ》き、楽を与《あた》える）」のために立ち上がる――この同苦《どうく》と行動にこそ、仏教の精髄《せいずい》がある。

利他の実践《じっせん》のなかに無上の喜びを感じていくような自己《じこ》を、どのようにして確立していくかということのなかに、大乗《だいじょう》仏教の本質がある。

仏教が説く仏とは、〝聖《せい》なる境地〟に安住した聖者然《せいじゃぜん》とした存在《そんざい》ではない。「つねに怠《おこた》ることなく勤《つと》め励《はげ》む者であった」と経典《きょうてん》に記されているごとく、戦《たたか》い続ける人こそ仏だったのである。仏とは、戦いによって、磨《みが》き抜かれた人格の人なのだ。

第五章　平和と文化

芸術

芸術と人格は、深く相通じている。偉大《いだい》な芸術には、偉大な人格の輝《かがや》きがある。また、偉大な人生は、それ自体が、偉大な芸術である。

人間は、優《すぐ》れた芸術によって、人類と自然と宇宙《うちゅう》が一体であることを感じられるようになる。

文化・芸術は、民衆に親しまれ、愛されてこそ、文化・芸術も意味をもつといえる。民衆のいない文化・芸術は、結局は空虚《くうきょ》な抜《ぬ》け殻《がら》でしかない。

芸術の世界は、「ほっとする」ものであって、身がまえたり、窮屈《きゅうくつ》になったりするものではない。芸術はまず楽しめばいい。初めから頭で理解しようとすると、かえって、わからなくなってしまう。

現代世界においては、芸術の力は著《いちじる》しく衰弱《すいじゃく》している。芸術が人間の精神性の発露《はつろ》であるとすれば、芸術の力の衰弱は、人間の精神の力の衰弱を意味する。

詩人

真の詩人とは、同時に戦う人であろう。彼《かれ》は人を深く愛するがゆえに、人間社会のいかなる不正、邪悪《じゃあく》からも目をそらすことはできない。見て見ぬ振《ふ》りができない。

詩人のまなざしは心に向けられている。物でさえも単に物とは見ない。ときに、詩人は、草木と語り、星々と対話し、太陽とあいさつを交《か》わす。万物《ばんぶつ》を友として、そこに生命を見いだし、吹《ふ》き込《こ》み、変転する現実世界の事象を貫《つらぬ》く大宇宙《だいうちゅう》の不変なる法則を見つめる。

権力《けんりょく》は動物性であり、詩心は人間性を象徴《しょうちょう》するものである。現代は、人々の心が冷えきってしまっている時代である。その心を温め、みずみずしい生命の力を蘇生《そせい》させる力をもつものこそ、詩にほかならない。

詩心が滅《ほろ》ぶことは、善《ぜん》が滅ぶことである。詩心の興隆《こうりゅう》は、善の興隆であり、人間の興隆である。

古来、心のなかの志《こころざし》を言葉にしたものが詩とされる。詩人をつくるものは、その高き志なのである。

文学

古今《ここん》の文学は、人間の心から心へ差し伸《の》べられた橋である。どれだけ橋を渡《わた》るかで、自分の心の中身が決まっていく。

よき文学は人の心を広くする。人の心を引き上げてくれる。低俗《ていぞく》な本や、ただ面白《おもしろ》いだけの本は、文学とはいえない。そこには人間性の探究《たんきゅう》がないからだ。

文学は戦いである。作家自身に偉大《いだい》な闘争心《とうそうしん》がなくては、名作は生まれない。

文学は、人間の思想上の重大な位置を占《し》めている。その影響力《えいきょうりょく》は、人間の生き方の深いところにまで及《およ》ぶ。ゆえに、文学を読まず、思索《しさく》をせず、ただ政治や経済《けいざい》や科学といった次元だけで進むのでは、人類は大変な損失《そんしつ》を被《こうむ》ることになるだろう。

音楽

歌には、人を前向きにする力がある。歓《よろこ》びの歌、旅立ちの歌、革命《かくめい》の歌、愛の歌――。一曲の歌がもつ力の大きさは、時として計り知れない。

音楽の力は偉大《いだい》である。音楽のない世界は砂漠《さばく》である。

音楽ほど、人間の心情を語るに真っ正直なものはない。耳を澄《す》ましていれば、わが心のなかの楽器は自然と共鳴し、対話する。この音楽が、互《たが》いの心情を共鳴させ、血なまぐさい地球の風景を転換《てんかん》する有効な手段《しゅだん》となることは、間違《まちが》いない。

全宇宙《ぜんうちゅう》が、生命の音楽を奏《かな》でている。星々も、地球も、花も樹々《きぎ》も、人間もまた大地も、それぞれが自らの歌をうたっている。

民衆《みんしゅう》の興隆《こうりゅう》するところに、必ず歌がある。人々は、歌に理想を託《たく》し、歌を通して心を通い合わせていく。歌は、団結を生む。明るい歌声は希望を開き、力強い歌声は運動を鼓舞《こぶ》し、陽気な歌声は前進を加速する。

写真

写真は〝世界語〟である。言葉は理解できなくとも、写真を見れば、すべてがわかる。心を分かち合うこともできる。

写真は撮影者《さつえいしゃ》の心の投影《とうえい》であり、被写体《ひしゃたい》を借りて写し出された、自身の生命の姿《すがた》といってよい。

「この瞬間《しゅんかん》は、もう二度とない」という人生への愛が、写真家を突《つ》き動かす。安閑《あんかん》と惰性《だせい》にゆるんだ生命から、美しい作品が、生まれるはずがない。

瞬間の生命には永遠が凝縮《ぎょうしゅく》している。瞬間のなかに、その人の人間性、過去と未来、宿命《しゅくめい》、人生のドラマなどの実相《じっそう》が鮮《あざ》やかに写し出されていく。写真とは、その永遠なる瞬間をとらえ、表現する芸術である。その意味で、写真家は単なる記録者ではない。何より人間性の真摯《しんし》な追求者であろう。

写真は哲学《てつがく》の絵である。生命の事象、生々流転《せいせいるてん》のドラマを伝えるのが写真芸術である。

宇宙《うちゅう》との語らい

宇宙は、人間の心を高らかに啓発《けいはつ》する。そして宇宙は、私《わたし》たちを詩人にし、哲学者《てつがくしゃ》にしてくれる。

星のまたたきは、あたかも、見る人に何かを訴《うった》えかけているように感じられる。喜びには祝福を、失意には勇気を、悲しみには希望を、怠惰《たいだ》には勤勉《きんべん》を、憎《にく》しみには鎮静《ちんせい》を、呼《よ》びかけている。

宇宙的視野《しや》に立てば、人間は同じ地球の住人であることがわかる。運命共同体であることを知るだろう。また人間は誰《だれ》しも、かけがえのない存在《そんざい》だとも気づくだろう。こうした生命観は、私たち人類に利害を超《こ》えた対話を促《うなが》すのである。

大宇宙を仰《あお》ぎゆくとき、人間は、大空から悠然《ゆうぜん》と眺《なが》めるがごとく、自分自身を見つめる眼《め》をもつことができる。宇宙に大きく心を広げることは、現実の苦悩《くのう》にとらわれ翻《ほん》弄《ろう》される生き方から、苦悩のはるか上を毅然《きぜん》と闊歩《かっぽ》しゆく生き方へと自分を高めていく、一つの契機《けいき》となるともいえるだろう。

文化

文化は野蛮《やばん》に抗《こう》する力である。

文化や芸術が内側から人を解放するのに対して、権力《けんりょく》は外から人を抑《おさ》え込《こ》もうとする。文化の力は、地味《じみ》かもしれないが、人の心を変える。ゆえに根本的である。

人間が、他人という鏡を通して己《おのれ》を知ることができるように、文化も伝統も、異《こと》なる文化や伝統に接し、その鏡に映《うつ》し出されることによって、自己客観化《じこきゃっかんか》、自己相対化《そうたいか》が可能となる。

それぞれの国に、美しい文化があり、伝統があり、人々の生活が織《お》りなす歴史がある。個性豊かな伝統文化とその多様性は、人類全体にとってかけがえのない精神の宝《たから》であり、新たな創造《そうぞう》への源泉《げんせん》となる。

文化交流

政治や経済《けいざい》だけの関係では、どうしても力の論理《ろんり》、利害の論理に流されてしまう。文化の交流、教育の交流こそ、人間と人間、民衆《みんしゅう》と民衆を揺《ゆ》るぎなく結びつけていく普遍《ふへん》的、永続的な力となる。

これまで世界の多くの悲劇《ひげき》は、異《こと》なる文化への敬意《けいい》が欠如《けつじょ》していたことが大きな原因の一つであった。ゆえに、互《たが》いの差異《さい》を讃《たた》え合い、多様性を開花させながら、共に善《ぜん》の価値《かち》を創造《そうぞう》していく民衆レベルでの文化交流が重要である。

他国の文化を敬《うやま》いつつ、自らの独自の文化を創造していく。そしてなお、自他の交流を重視《じゅうし》する。〝排《はい》〟外主義にも〝拝《はい》〟外主義にも偏《かたよ》らない、バランスのとれた中庸《ちゅうよう》の精神が重要である。

民衆の交流という大海原《おおうなばら》が開かれてこそ、政治、経済といった、あらゆる交流の船が行《い》き交《か》うことができる。たとえ〝船〟が難破《なんぱ》することがあっても、〝海〟さえあれば往来は続いていく。ゆえに、民衆の交流こそ揺るがぬ平和を築《きず》く王道である。

対話

対話こそ人間の特権《とっけん》である。それは人間を隔《へだ》てるあらゆる障壁《しょうへき》を越《こ》え、心を結び、世界を結ぶ、最強の絆《きずな》となる。

対話の姿勢《しせい》が徹底《てってい》して貫《つらぬ》かれるならば、対決のおもむくところ、対立ではなく調和が、偏見《へんけん》ではなく共感が、争乱ではなく平和がもたらされることは間違《まちが》いない。けだし、真の対話にあっては、対立も結びつきの一つの表れであるからだ。

対話で築《きず》いた勝利は不滅《ふめつ》である。反対に戦争で戦い取った〝勝利〟は、いかに大きな戦果であれ、やがて消え去り、崩《くず》れ去る運命にある。

いかなる国や民族も決して孤立《こりつ》させてはならない。対話の道を閉《と》ざしてはならない。

対話とは、単なる話し合いというようなものではない。グローバリゼーションといわれる地球の一体化が進むなかで、お互《たが》い異《こと》なる文明同士、真摯《しんし》な対話を通し、共に生き共に栄える知恵《ちえ》と価値観をいかに学び合うかという、新たな実験といってよい。

活字文化

活字文化の復興《ふっこう》こそ、現代の教育に精神と人格の深みをもたらしゆく、大切な要素である。

活字文化が衰退《すいたい》してしまえば、深い思索《しさく》や考察《こうさつ》が減り、刹那《せつな》的、衝動《しょうどう》的な傾向《けいこう》に陥《おちい》らざるを得《え》ない。そうなれば、創造《そうぞう》的な精神や自立の心が弱まり、膨大《ぼうだい》な情報量や時代の急速な流れに翻弄《ほんろう》されかねない。そこに権力《けんりょく》等による大衆操作《たいしゅうそうさ》の危険性《きけんせい》も生じてくる。

社会や国の変革《へんかく》は、民衆《みんしゅう》一人一人が賢明《けんめい》になり、自身を変革することから始まる。そのためには、人間と人間の強靭《きょうじん》なつながりとともに、正しい哲学《てつがく》と活力をすみずみまで伝えゆくさまざまな新聞や出版物が、どうしても必要となるのである。

正義と真実を話し、書き、印刷し、出版する。その精神の闘争《とうそう》に、人間の主体性があり、行動する知性の証《あかし》がある。

いかに貴重《きちょう》な精神遺産《いさん》も、活字を通して次代に受け継《つ》がれなければ、価値《かち》は失われる。良質な真実の言論《げんろん》こそ、社会の健全性のバロメーターだ。

差別

差別は、暴力である。差別を許す社会は、病《や》める社会である。

人を一個の具体的な人間としてではなく、民族や宗教《しゅうきょう》、国籍《こくせき》、階級などの抽象《ちゅうしょう》的な集団としてとらえ、判別していくことは間違《まちが》いである。

人間が人間を蔑《さげす》み、軽《かろ》んじる差別や偏見《へんけん》が、どれほど人の心を傷《きず》つけ、気持ちを踏《ふ》みにじるものか――。その苦しみ、辛《つら》さは、差別された方《ほう》にしかわからない。

現代においても、国と国、民族と民族、宗教と宗教の間における偏狭《へんきょう》な「差異《さい》へのこだわり」は、人類が克服《こくふく》すべき根本の病《やまい》の一つといえる。異《こと》なる人間への差別意識、差異へのこだわりを克服することこそ、平和と普遍的人権《ふへんてきじんけん》を創出《そうしゅつ》するための第一歩であり、開かれた対話を可能にする道である。

人権《じんけん》

苦しんでいる人がいるかぎり、自分も安閑《あんかん》としてはいられない――この感覚こそ、人権意識の核《かく》である。

人間らしく生きる権利が保障《ほしょう》され、誰《だれ》もが等しく人生を謳歌《おうか》できること——それは、人類の歴史を貫《つらぬ》いてきた、万人《ばんにん》の悲願である。そのために、政治も経済《けいざい》もあるはずだ。

人権とは、単なる抽象概念《ちゅうしょうがいねん》ではない。法律《ほうりつ》や制度として掲《かか》げさえすれば実現できるわけでもない。生命の尊厳《そんげん》を踏《ふ》みにじるあらゆる悪と戦う不断の人権闘争《とうそう》が不可欠である。

他者の人権が侵害《しんがい》されているのに、自分の人権だけは護《まも》るという発想では、日本でも世界でも通用しないであろう。二十一世紀は、〝われ〟よりも〝われわれ〟を基調とすべきである。自分中心ではなく、共に生き、支え合い、共に繁栄《はんえい》していく共生の生き方を時代精神としなければならない。

戦争は絶対悪

戦争ほど、残酷《ざんこく》なものはない。
戦争ほど、悲惨《ひさん》なものはない。
愚《おろ》かな指導者たちに、ひきいられた国民もまた、まことにあわれである。

いかなる戦争肯定論《こうていろん》も断じて放棄《ほうき》すべきである。戦争は絶対悪であり、人間生命の尊《そん》厳《げん》への挑戦《ちょうせん》である。

戦争というものは、人間の狂気《きょうき》を狂気と感じさせない、異常《いじょう》な精神状態に追い込《こ》むことを忘《わす》れてはならない。

戦争は、人間生命を単なる手段《しゅだん》や道具にまで貶《おとし》める。平和とは、どこまでも生命の尊厳を目的として、生命を育《はぐく》み、人権《じんけん》を守るなかにある。本来、そのために政治があり、教育があり、あらゆる社会の営みがある。

戦争で苦しむのは、庶民《しょみん》であり、民衆《みんしゅう》であり、最も弱い人々である。なかんずく、戦争で最も悲惨な思いをするのが女性であり、母親である。そうした悲劇《ひげき》を、断じて、この地上から根絶しなければならない。

平和を考える

平和ほど、尊《とうと》きものはない。
平和ほど、幸福なものはない。
平和こそ、人類の進むべき、根本の第一歩であらねばならない。

平和とは、単に、戦争や紛争《ふんそう》がない状態をいうのではない。人権《じんけん》が尊重《そんちょう》され、民主主義の精神が国民に根づき、その社会に生きゆく人々が自由を享受《きょうじゅ》し、安心できる生活を営んでいるかどうか、そこに平和の内実がある。

平和とは、間断なく起こる問題と対峙《たいじ》して、断じて対話を選択《せんたく》し、それを貫《つらぬ》き、行動していくなかに、築かれていくものである。

人類の平和のために、これだけはいっておきたい。国家と国家の関係でいえば、まず、国家の最高首脳《しゅのう》同士が、話し合いのテーブルに着くことから始まる。単純《たんじゅん》なようだが、これは動かせない原理と信じている。

真実の平和への道は、家族や知人・友人への愛から、地球社会、民族、国家、人類への愛、そして、大自然との共生へと、まっすぐにつながっていくはずである。

第六章　現代と世界

欲望《よくぼう》の克服《こくふく》

現代は、欲望の達成こそが人生の目的であるかのごとき錯覚《さっかく》がある。

人間の物質的欲望は無限であるが、地球の資源《しげん》は有限である。ここに、人類がかかえる大きな矛盾《むじゅん》がある。

今は、人間の際限のない欲望と、得体《えたい》のしれない重苦しい不安感が、世界を覆《おお》っている。地球環境《かんきょう》の問題にしても、世界規模《きぼ》の経済《けいざい》変動の問題や生命倫理《りんり》の問題にしても、民主主義の問題にしても、特定の権力《けんりょく》を手にしている少数者だけの責任ではなく、普通《ふつう》に生きている民衆《みんしゅう》一人一人の欲望や生きる姿勢《しせい》が問われている。

欲望の肥大化《ひだいか》は、とうてい、自然の摂理《せつり》にかなったものとはならない。欲望が野放しにされたら、人間社会が大混乱《こんらん》に陥《おちい》ることは、当然の道理である。というよりも人間が人間でなくなるといったほうがよい。

「他者への思いやり」とは平易な言葉だが、この心を深化させ、行動に結びつけていくなかに、貪欲《どんよく》がもたらす悪の循環《じゅんかん》を断《た》ち切り、人間の自己《じこ》コントロールを回復させる鍵《かぎ》がある。

科学万能《ばんのう》主義の限界

科学の急速な進歩に、人間の倫理性《りんりせい》の進歩が追いついていない。ここに現代の悲劇《ひげき》の一つがある。

現代の科学万能主義や物質至上《しじょう》主義がもたらしたものは、人間精神の空洞化《くうどうか》であり、殺伐《さつばつ》とした争いの世界でもあった。

倫理なき科学の暴走の象徴《しょうちょう》が、核兵器《かくへいき》の脅威《きょうい》である。科学や学問には、その前提として、健全なる倫理と思想がなくてはならない。

人間の道徳的水準は、技術の進歩とは逆に、かえって低下していく傾向《けいこう》がある。それは、技術の進歩によって勝ち得《え》た力が、道徳の果たしてきた役割《やくわり》を代替《だいたい》してくれるかのような錯覚《さっかく》に陥《おちい》った、人間の愚《おろ》かさに起因《きいん》している。この錯覚から抜《ぬ》け出すことが、人間の自ら招いた現代の危機《きき》を解決する、出発点であると考える。

テクノロジーの進歩それ自体は、人類の知力の証《あかし》である。問題はそれを、人間の幸福のために使いこなせる知恵《ちえ》が伴《ともな》っているかどうかである。

現代文明の欠陥《けっかん》

人類の絶滅《ぜつめつ》さえも引き起こしかねない現代文明の危機《きき》の最大の元凶《げんきょう》は、人間の心に巣くう分断のエネルギーである。

「人間と宇宙《うちゅう》」「人間と自然」「個人と社会」「民族と民族」、さらに「善と悪」「目的と手段《しゅだん》」「聖《せい》と俗《ぞく》」等々、すべてが分断され、そのなかで人間は孤立化《こりつか》に追いやられていった。近代の歴史は、そうした孤立化の歴史でもあった。

人々に幸福をもたらす源泉《げんせん》は民族や人種間の融和《ゆうわ》に求められこそすれ、決して分断からは生まれない。

この世界には、人間と人間との絆《きずな》を断《た》ち切り、世界と世界を分断する力がつねに存在《そんざい》している。しかし、乗り越《こ》えられない対立など絶対にない。人間精神に内在する善《ぜん》の力をもって、分断という悪の力と絶えず戦っていかねばならない。

拝金《はいきん》主義

現代人の精神世界を支配しつつあるのは、端的《たんてき》にいって、拝金主義の風潮《ふうちょう》だといわざるを得《え》ない。

市場万能主義《しじょうばんのう》は、優勝劣敗《ゆうしょうれっぱい》という人間観に基《もと》づいている。この厳しい競争のなかで、他者への無関心が蔓延《まんえん》している。グローバル化によって、小さくなった地球のなかに、著《いちじる》しい格差や不公正があり、それにもかかわらず、他者に対する無関心が蔓延していけば、関心から排除された人々のなかに深刻《しんこく》なルサンチマン（怨念《おんねん》）が蓄積《ちくせき》していくことは避《さ》けられない。

あらゆるものを——かけがえのない生命や自然までも——「市場に出せばいくらの値《ね》段《だん》になるか」と換算《かんさん》する経済至上《けいざいしじょう》主義の価値《かち》観が、地球上にますます蔓延している。手遅《ておく》れにならないうちに、私たちは人間性を尊重《そんちょう》する価値観の確立を図《はか》らねばならない。

どれほど経済が成長し技術が進んでも、それだけで、よき人間をつくることはできない。いな、経済のみでは、格差の拡大《かくだい》や拝金主義が罷《まか》り通りかねない。人間が人間らしく生きゆくためには、精神の空白を埋《う》める哲学《てつがく》が、どうしても必要である。

知識と知恵《ちえ》

どんなに高度な知識をもっても、それを人間の幸福のために生かす知恵がなければ、知識は役に立たないばかりか、むしろ危険《きけん》でさえある。

現代文明の欠陥《けっかん》は、知識と知恵を混同し、知識が増えれば人間は幸福になると考えやすいことである。知識を正しく統御《とうぎょ》し、生かしていくのは知恵の働きである。

人間は、「生命のかけがえのなさ」を本能的に理解していた。ところが現代人は、膨大《ぼうだい》な知識を手に入れた一方で、人間観、生命観、自然観といった、総合的な知恵を失ってしまった。人間がどこまで、またどのように、尊厳《そんげん》なる人間生命や自然の操作《そうさ》に関《かか》わってよいのか――その力を手にしつつある今、人類は根本的な課題をつきつけられている。

技術や知識を、人間の幸福のために生かすには、正しい倫理《りんり》と価値《かち》観、そして哲学《てつがく》に裏《うら》づけられた知恵が必要である。そのためにも、民衆《みんしゅう》を賢明《けんめい》にしゆく教育が重要なのである。

無力感、無関心

無関心は、心の死である。他者の苦しみを見て見ぬ振《ふ》りをすることによって、自分の心の大切な何かを、マヒさせ、死に至《いた》らしめているのだ。

無力感や無関心こそ、人間と時代を覆《おお》う根本の闇《やみ》といってよい。その生命力の衰弱《すいじゃく》をいかに転換《てんかん》して、民衆《みんしゅう》の知恵《ちえ》と活力を蘇《よみがえ》らせていくか。そこに、さまざまな社会の難問《なんもん》や地球的問題群などの解決への糸口もあるのだ。

無関心とシニシズム（冷笑主義《れいしょうしゅぎ》）はある意味で、悪そのものより危険《きけん》な面をもつ。この二つに致命的《ちめいてき》に欠けているのは、他者への眼差《まなざ》しであり、その結果、他者の痛《いた》みや苦しみに対して不感症《ふかんしょう》となってしまうからだ。

平和の建設は、諦《あきら》めと希望の競争である。無力感と執念《しゅうねん》の競争である。諦めの無力感が蔓延《まんえん》すれば、それに比例して力に頼《たよ》る風潮《ふうちょう》は増大してしまう。それこそが問題なのだ。

環境《かんきょう》問題

自然を破壊《はかい》することはそのまま、人間自身を破壊することに通じていく。

本来、人間の英知は、自然との調和なくしては、生きることも、幸福を得《え》ることもできないことを知っていた。人間を、自然に超越《ちょうえつ》するものと思い、目先の欲望《よくぼう》に迷って破壊と汚染《おせん》を進めてしまったのは、自然への叛逆《はんぎゃく》であるとともに、人間自身への叛逆でもあった。

環境問題においては「自然と人間は本来的に一体であり、自然それ自体が尊貴《そんき》な存在である」という東洋的な自然観・世界観が、人類的規模《きぼ》で展開《てんかい》されていくことが求められている。

戦争やテロは、人間への暴力である。環境の破壊は、自然への暴力である。それぞれ別の問題ではない。根は一つである。その根とは、人間、そして人間を支える自然・環境、すべての生命の尊厳《そんげん》の軽視《けいし》である。その根本を正さなくてはならない。

テロと暴力

あらゆるテロを絶対悪として断じて許さない。人間の生命を奪《うば》う「殺」の行為《こうい》は、決して許してはならない。いかなる正当化もありえない。

二十世紀の「暴力と戦争」の悪《あ》しき連鎖《れんさ》を断《た》ち切るためには、人間生命に内在する「善性《ぜんせい》」の絶え間ない開発が必要である。他の生命を蹂躙《じゅうりん》してやまない、人間の内に巣くう「魔性《ましょう》」を打破するためにも、非暴力、慈悲《じひ》、信頼《しんらい》、知恵《ちえ》、勇気、真実などの「善性」を開発していくことこそが、平和の基盤《きばん》となるからだ。

私たちは、〝暴力の文化〟を生むことになった原因について、もっと考える必要がある。長年にわたり、植民地支配などによる直接的暴力や、貧困《ひんこん》と不平等という間接的な、いわゆる構造的暴力によって、人間としての尊厳《そんげん》が踏《ふ》みにじられてきた。その敵意や不満が、現代世界のテロを生む背景《はいけい》にもなっている。

二十一世紀に人類が直面している緊急《きんきゅう》の課題は、文明間の衝突《しょうとつ》でもなければ、「テロ」対《たい》「対テロ戦争」でもないはずである。挑戦《ちょうせん》すべき焦点《しょうてん》は「暴力」対「非暴力」の競争にある。これこそが真の「野蛮《やばん》」対「文明」の戦いである。

核兵器《かくへいき》の廃絶《はいぜつ》へ

核兵器の存在《そんざい》を抑止《よくし》のための〝必要悪〟としてきた「国益」優先《ゆうせん》思考から、核兵器使用をいかなる理由があろうとも認《みと》めない〝絶対悪〟の立場、「人間益」を最優先させる思考への脱却《だっきゃく》を図《はか》らなければならない。

核兵器廃絶という課題には、単なる軍縮《ぐんしゅく》面にとどまらず、二十世紀の弱肉強食の覇《は》権《けん》競争が行き着いた〝最大の負の遺産《いさん》〟――すなわち、不信と憎悪《ぞうお》、人間性の冒瀆《ぼうとく》を根本的に克服《こくふく》し、新たな国際関係を構築《こうちく》していくために、避《さ》けて通れない挑戦《ちょうせん》という重大な意義が込《こ》められている。

「核抑止論」は、道義的にはもちろん、論理《ろんり》的・政治的にも破綻《はたん》している。そもそも、ある特定の国だけに核兵器の保有が認《みと》められて、他の国にそれを許さないとする論理的根拠《こんきょ》は何もない。

世界のすべての首脳《しゅのう》、特に核保有国の首脳が、広島、長崎を訪《おとず》れるべきである。

核時代に終止符《しゅうしふ》を打つために戦うべき相手は、核兵器でも保有国でも核開発国でもない。真に対決し克服すべきは、自己《じこ》の欲望《よくぼう》のためには相手の殲滅《せんめつ》も辞《じ》さないという「核兵器を容認《ようにん》する思想」である。

人類の議会「国連」

〝人類の議会〟ともいうべき国連を支援《しえん》していくことこそ、最も現実的な平和への道である。

第二次世界大戦の惨禍《さんか》への反省から生まれ、歴史を築《きず》いてきた国連には、他をもって代《か》え難《がた》い正統性がある。今の国連を除《のぞ》いて、公正な国際社会の秩序《ちつじょ》を創《つく》ることなど、ほとんど不可能だ。

さまざまな課題はあるにせよ、国連がもっと強力になり、世界の各国がもっと調和し、一体になっていかなければ、人類の未来は保障《ほしょう》できない。その意味からも、「国連を守る」ことは、「自国を守り」「自分たちを守る」、そして「子どもたちを守り」「未来を守る」ことに他《ほか》ならない。

国連が名実ともに〝人類の議会〟となり、〝人類共闘《きょうとう》の足場〟となるためには、すべての国が、規模《きぼ》の大小にかかわらず、平等な発言権《はつげんけん》をもち、責任感を共有して、結束していく体制を築くことが、絶対に必要不可欠である。

農業を考える

農業を大切にしない社会は、生命を粗末《そまつ》にする野蛮《やばん》な社会である。その社会は、早晩《そうばん》、あらゆる面で行き詰《づ》まる。

農業生産はいわば人間と自然とが共同で行う生命の創造《そうぞう》といってよかろう。この営為《えいい》を通して、人間は直《じか》に、生命の尊厳《そんげん》と、その背後にある自然・宇宙《うちゅう》という大いなる存在に対する畏敬《いけい》の念を養うことができる。

「農」を考えることは、食糧《しょくりょう》問題のみならず、社会の文化や伝統、生命の尊厳や環《かん》境《きょう》問題をはじめ、人類の未来のあり方を考えることに通じる。指導者は、そうした総合的かつグローバルなビジョンをもって、「農」に関《かか》わる政策《せいさく》に真摯《しんし》に取り組んでいくべきである。

農漁業を心から尊敬《そんけい》し、もり立て、農漁村を皆《みな》で大切にして栄えさせていくときにこそ、行き詰まった現代社会そのものが、人間らしさを生き生きと取り戻《もど》し、生命の尊厳を確立することができるのではないだろうか。

これからの人間文化の流れとして、一方的に農業社会から工業社会へという方向だけを考えるべきではない。工業社会から農業社会へという方向、ないしは農業と工業が並立《へいりつ》する社会へという方向を考えていかなければならない。

政治と権力《けんりょく》

民衆《みんしゅう》を苦しめる社会の不条理《ふじょうり》と戦ってこそ、政治家である。その戦いがなければ政治屋である。最も苦しんでいる人に、救済《きゅうさい》の手を伸《の》ばすことこそ、政治の原点である。

権力には魔性《ましょう》がある。ゆえに権力に近づく人間は峻厳《しゅんげん》にわが身を律《りっ》せねばならない。国家権力そのものが、戦争をはじめとする「人類への悪」「人間と生命への悪」を引き起こしてきた。権力は、人間を守るための手段《しゅだん》として用いられなければならない。にもかかわらず、それを目的としてしまったところに、人間の悲劇《ひげき》の歴史があった。

指導者には、権力を民衆の幸福のために用いる責務がある。まず注意深く、自らの「人間としての良心」に耳を傾《かたむ》けなければならない。政治家である前に、哲人《てつじん》でなければならない。

民衆の幸福のため、平和のため、正義のために戦うことは、必然的に、権力の魔性との戦いを意味する。ゆえに断じて権力への監視《かんし》を怠《おこた》ってはならない。これこそ、人類の悲惨《ひさん》を転換《てんかん》しゆく、永遠の闘争《とうそう》の道である。

高齢化《こうれいか》社会

高齢者の知恵《ちえ》と経験は、現在と未来を豊かにする、かけがえのない宝《たから》である。高齢者を真に尊《とうと》ぶ気風を確立することは、社会の持続的な繁栄《はんえい》の基礎《きそ》となる。

死刑《しけい》を考える

死刑は国家権力《けんりょく》による暴力の一つの極限的あらわれである。人為的《じんい》に生命を奪《うば》う権利《けんり》は、何人《なんぴと》にも、どのような理由によってもありえない。

アジアのなかの日本

日本はもっと、アジアの人々から信頼《しんらい》されるよう、真剣《しんけん》に誠実《せいじつ》に努力していかねばならない。だからこそ、互《たが》いの文化の根底をなす思想や哲学《てつがく》に光を当て、共に理解し合い、学び合っていく対話が重要である。

日本が核廃絶《かくはいぜつ》のイニシアチブをとっていくためには、超《こ》えなければならない一つの壁《かべ》がある。それは、アジアに対する戦争責任をもっと明確にすることだ。

いまだに、日本の中国への侵略《しんりゃく》戦争という歴史を否定《ひてい》するがごとき言動が見られることは、まったく残念でならない。そのような風潮《ふうちょう》と徹底《てってい》して戦うためにも、中国との文化・教育交流にさらなる努力を続けたい。

日本の植民地支配は、政治や経済《けいざい》面だけでなく、文化や精神面にも及《およ》んだ。どれだけ韓《かん》・朝鮮《ちょうせん》半島の人々の心を蹂躙《じゅうりん》したか。この歴史を、日本人は決して忘《わす》れてはならない。

日本は、アジアの国々から信頼され、世界の平和に貢献《こうけん》しゆくためにも、「平和外交」「対話外交」を基本に、日本の伝統文化や科学技術を活《い》かしながら、「文化立国」「環境《かんきょう》立国」への道を歩んでいくべきである。

マスコミと言論《げんろん》

言論は力である。しかし、それは善悪《ぜんあく》に通じる力である。正義を守る〝盾《たて》〟にも、悪を断《た》ち切る〝剣《つるぎ》〟にもなれば、人を傷《きず》つける〝凶器《きょうき》〟にもなる。ゆえに、言論人のモラルと責任は、人一倍、重い。

権力《けんりょく》と戦うのが言論人である。権力と戦って民衆《みんしゅう》を守るのが言論人の根本の使命である。

重大な歴史の教訓は、戦時中の世論《せろん》の暴発、暴走を煽《あお》ったのが、ジャーナリズムであったということだ。マスコミが発達すればするほど、言論人の姿勢《しせい》、言語感覚、自らの発言に対する責任や配慮《はいりょ》が、厳《きび》しく問われなければならない。

表現の自由はあくまで保障《ほしょう》されなければならない。ひとたび権力による検閲《けんえつ》を許せば、それが突破口《とっぱこう》となって、思想、信条、信教の自由にまで手が伸《の》ばされることは、歴史の証明するところである。

時代を変えるのは、武力、権力よりも、言論の力、文化の力である。また、そうでなければならない。言葉の力は、人の心を変える力があり、その変革《へんかく》こそ、恒久的《こうきゅう》にして本質的な歴史の前進になるからだ。

民主主義

戦前の軍国の日本は、民衆《みんしゅう》一人一人が意見をもつことが許されず、戦争の暴走を食い止めることができなかった。民主主義は、制度の問題だけではない。民主主義を支える民衆が自らを高めていく努力が不可欠である。

世界市民

地球の運命が一つになった時代に求められる人間像こそ、開かれた心で人類益のために行動する「世界市民」である。「グローバル社会」には、「人間のグローバル化」「民衆《みんしゅう》のグローバル化」「心のグローバル化」が必須《ひっす》条件である。

平和憲法《けんぽう》

戦争放棄《ほうき》をうたう日本国憲法に掲《かか》げられた平和の理念と精神を、全世界に広げることが日本の使命である。戦争を放棄するためには、不信を信頼《しんらい》に、憎悪《ぞうお》を友情に変え、戦争など起きない友好関係を、すべての国々と築《きず》いていく以外にない。

池田大作（いけだ・だいさく）
1928年、東京生まれ。創価学会名誉会長、創価学会インタナショナル（SGI）会長。創価大学、アメリカ創価大学、創価学園、民主音楽協会、東京富士美術館、東洋哲学研究所などを創立。『人間革命』（全12巻）、『新・人間革命』（刊行中）、『私の世界交友録』、『人生は素晴らしい』など多数の著書のほか、『二十一世紀への対話』（A・トインビー）、『二十世紀の精神の教訓』（M・S・ゴルバチョフ）など多数の対談集がある。

池田大作《いけだだいさく》 名言《めいげん》100選《せん》

2010年1月10日 初版発行
2025年2月25日 29版発行

著 者 池田大作《いけだだいさく》
発行者 安部順一
発行所 中央公論新社
〒100-8152 東京都千代田区大手町1-7-1
電話 販売 03-5299-1730 編集 03-5299-1740
URL https://www.chuko.co.jp/

印 刷 三晃印刷
製 本 小泉製本

Published by CHUOKORON-SHINSHA, INC.
Printed in Japan ISBN978-4-12-004087-0 C0095